MES DÉLASSEMENS,

OU

LES FÊTES

DE CHARONNE

DÉDIÉ

A Madame L. C. D. M.

M. DCC. LXXXI.

A MON ÉPOUSE

MADAME L. C. D. M.

C'EST à toi, CHERE ÉPOUSE, que je dédie ce petit Ouvrage. Puis-je mieux faire ? Il t'appartient déjà. Le defir de te plaire & celui de t'amufer un moment, font les Génies qui me l'ont infpiré. « Tracez, m'ont-ils dit, » le tableau de fon cœur ; peignez fes » fentimens : vous ne pouvez manquer de » réuffir ». Je prends la plume ; je t'en

A 2

4

adreſſe l'eſquiſſe. Liſe & Colas t'en
feront l'hommage ; la reconnoiſſance
l'inſpire : daigne les en croire, & ſois
perſuadée que je m'eſtime le plus heureux des hommes, ſi, raſſemblant en
ces lieux quelques Dragons honnêtes
gens, je puis te développer mon cœur,
& te dire, dans leur ſtyle ſimple &
ſincere :

Je t'aime & t'aimerai toujours.

LES DRAGONS

DE CHARONNE.

ACTEURS.

LISE, fille de condition
COLAS, fils de Lindor } *mais non connus.*

LINDOR, pere de Colas & Capit. de Dragons.

LA TERREUR,
SANS-SOUCI, } Dragons.

CADET, garçon Cabaretier.

La Scene est à Charonne, dans les Jardins de Madame L. C. D. M.

LES DRAGONS
DE CHARONNE.

SCENE PREMIERE.

COLAS *en Jardinier.*

Oui, je m'en suis toujours fait une loi, & je n'ai pas eu lieu de m'en repentir. C'est dans la paix de l'ame, c'est dans la vertu seule que se trouve le vrai bonheur.

ARIETTE.

Air : *Pour toi seule je respire.*

Loin du tracas de la ville,
Je suis heureux dans cet asyle :
Je vis content & tranquille ;
Sans aucun chagrin,
Je plante mon jardin.

Ce n'est point l'or qui fait le vrai bonheur :
Je cesse d'y prétendre ;

A 4

Et je ne veux entendre
Qu'à la paix de mon cœur.
Loin du tracas , &c.

Aimer les Grands , fans être ambitieux ,
C'eſt le moyen d'être toujours heureux.
Ce n'eſt point en Ville
Qu'on peut trouver un doux aſyle :
On n'eſt content & tranquille ,
Sans aucun chagrin ,
Qu'en plantant ſon jardin.

COLAS *en travaillant.*

Qu'il eſt doux de faire ſon devoir ! Oui : (*rangeant des fleurs.*) Méritons l'eſtime de nos Maîtres , & ne négligeons rien pour les ſatisfaire . . . mais voilà Mlle Liſe.

SCENE II.
LISE, COLAS.
LISE.

Ah ! c'eſt toi , Colas ! je te trouve fort à propos. Il faut que je te faſſe part d'un projet que je roule dans ma tête.

COLAS.

Vous me faites bien de l'honneur, Mademoifelle ; & je ferai mon poffible pour y répondre.

LISE.

Je le fais, auffi tu vois avec quelle confiance je m'adreffe à toi.

COLAS.

J'en fuis parfaitement reconnoiffant.

LISE.

Voici le fait : c'eft demain la Magdeleine, c'eft la fête de notre maitreffe.

COLAS.

J'entends , vous voudriez lui fouhaiter . . .

LISE.

Il eft vrai ; mais je ne voudrois point me borner à lui préfenter un fimple bouquet.

COLAS.

Vous avez raifon, Mademoifelle.

LISE.

Je voudrois affembler plufieurs habitans, & former une fête complette.

COLAS.

Fort bien : vous voulez que tout le monde puisse participer à une fête qui fait l'éloge de votre cœur.

LISE.

Oui, mon cher Colas.

COLAS.

Je suis de votre avis, Mlle Life ; on ne peut trop faire éclater des hommages que le devoir & la re-connoissance nous inspirent.

LISE.

Que je suis enchantée de te voir penser ainsi !

COLAS.

En doutez-vous, Mlle Life ? Tenez, ce n'est point la richesse qui donne les sentimens. Je suis un pauvre garçon ; mais, morgué! je le disputerois sur ce point à l'univers entier.

LISE.

Aussi l'ai-je toujours bien dit. Tu es digne de la con-fiance qu'on a en toi dans la maison ; tu préviens notre Maitresse sur tous tes devoirs. Ton ouvrage est toujours fait, & avec goût & avec propreté.

COLAS.

Il y en a une bonne raison, Mlle Life : c'eſt que votre exemple m'inſpire, & que je penſe comme vous . . . . Il ſeroit bien difficile de faire au-trement avec notre bonne Maitreſſe ; elle eſt ſi bon-ne que je la ſervirois volontiers pour rien.

LISE.

Que tu dis bien Colas.

COLAS.

Tenez , Mlle Life, vous me parlez de fête ; mon cœur en treſſaille de joie ; c'eſt une occaſion de payer le tribut de ma reconnoiſſance.

LISE.

Tant mieux. Reſſouviens-toi de ta promeſſe : adieu , voici des Dragons que j'apperçois ; pour l'ordinaire ce ſont des étourdis : je veux les éviter.

SCENE III.

COLAS, LA TERREUR, SANS-SOUCI.

COLAS *range quelques fleurs.*

LA TERREUR ET SANS - SOUCI *se tenant sous le bras chantent :*

Un jour en revenant de boire, boire,
Chez ma maîtresse je fus, fus
Chez ma maitresse je fus allé ;
Je lui dis bon jour, la belle,
La belle, il nous faut ma, ma,
La belle il nous faut marier. (*bis*)

La fille étoit un peu volage ;
Si-tôt l'oreille elle m'a, m'a,
Si-tôt l'oreille elle m'a prêté ;
Elle s'en fut chez ses camarades,
Disant qu'elle s'alloit ma, ma,
Disant qu'elle s'alloit marier. (*bis*)

Ah! taisez-vous, petite sotte,
Ce Dragon-là n'est pas, pas,
Ce Dragon-là n'est pas pour vous !
S'il vous a parlé de mariage,
C'est un jour qu'il étoit, toit,
C'est un jour qu'il étoit saoul.

C O L A S *à part.*

Ma foi, à leur gaieté, il me vient une envie; c'eſt de les inviter à célébrer avec nous la fête à laquelle nous nous diſpoſons.

SANS-SOUCI *à part,* & conſidérant **COLAS.**

Dis-donc, la Terreur, que penſes-tu de ce jeune homme?

L A T E R R E U R.

Qu'il feroit un bon Soldat. Tâchons de l'avoir.

C O L A S.

Eh quoi! c'eſt vous, Meſſieurs!

LA TERREUR, SANS-SOUCI *enſemble.*

Bon jour, Colas, bon jour.

C O L A S.

Vous voilà donc de retour : vous êtes bien en gaieté!

S A N S - S O U C I.

Quand on ſert le Roi, on n'engendre point de mé-lancolie.

C O L A S.

On le voit.

S A N S - S O U C I.

Un quart d'heure de plaiſir efface cent années de peine.

LA TERREUR *chante* :

Je suis un luron
Que rien ne chagreine ;
Je vuide un flacon
Sans reprendre haleine,
Bon
La fariradondaine
Gué
La fariradondé.

CHORUS.

La fariradondaine
Gué
La fariradondé.

SANS-SOUCI *seul.*

Vive un bon flacon,
Dit not' Capitaine ;
Ça remet en fond
La nature humaine,
Bon
La fariradondaine
Gué
La fariradondé.

CHORUS.

La fariradondaine
Gué
La fariradondé.

SANS-SOUCI.

Camarade, eſt-ce que nous ne boirions pas bien un coup ?

LA TERREUR.

Luron de Dieu ! plutôt deux. Colas , tu feras de la partie.

COLAS.

Volontiers.

SANS-SOUCI *à part.*

Il donne dans le panneau.

LA TERREUR.

Hola ! oh ! la maiſon !

SANS-SOUCI.

Garçon ! garçon !

SCENE IV.

COLAS, LA TERREUR, SANS-SOUCI, CADET.

CADET.

Allons, allons… qu'y a-t-il, Meſſieurs ?

LA TERREUR.

Comment ! nous ne ſommes point encore ſervis ?
Mille bombes de Dieu !

CADET.

A quel prix ? A douze ? à quinze ?

SANS-SOUCI.

Du meilleur. Et ſonge que c'eſt pour de bons lurons, enfans de Charonne, & Dragons du Régiment Royal des Régimens.

COLAS.

Y a-t-il long-temps que vous êtes arrivés ?

SANS-SOUCI.

Non : je n'ai encore vu perſonne, pas même mon
pere.

COLAS

C O L A S *à part.*

Quels grivois! grand Dieu! que ce ton me dé-
plairoit!

L A   T E R R E U R.

Comment! point encore de vin! Garçon! garçon!
ha! hé! garçon!

*(C A D E T approche une table, préfente une bou-
teille. Sans-Souci s'en empare, boit à même.)*

S A N S - S O U C I *après avoir bien bu.*

Ah!

    Il la donne enfuite à Colas.

A votre tour.

*(C O L A S fait des façons. La Terreur prend la
   bouteille & boit.)*

C O L A S.

Comme il y va! . . . *Il tire la Terreur par la
manche.* Camarade! laiffez-nous en.

L A   T E R R E U R *prenant haleine.*

Voilà comme il faut faire. Point de façon . . . .
Il continue à boire.

C A D E T.

Meffieurs, vous faut-il une autre bouteille?

S A N S - S O U C I.

En doutes-tu?

C O L A S.

Que de folies vous faites !

S A N S - S O U C I *chante :*

A boire, à boire, à boire :
Nous quitt'rons-nous sans boire
Nous quitt'rons nous ⎫
Sans boire un coup. ⎭ *bis.*

C H O R U S.

Nous quitt'rons nous ⎫
Sans boire un coup. ⎭ *bis.*

(On apporte pendant le refrein une seconde bou-
teille : on s'en verse, on se met à table, & nos
Dragons ont soin de mettre Colas entre eux deux.)

S A N S - S O U C I.

A boire, à boire, à boire :
Nous quitt'rons-nous sans boire
Nous quitt'rons-nous ⎫
Sans boire un coup. ⎭ *bis.*

C O L A S.

Je suis charmé de vous voir ; &, puisque je vous
tiens, je vais vous communiquer un petit projet.

S A N S - S O U C I.

A boire, à boire, à boire !

(En même temps il verse, & Colas l'accepte.)

COLAS.

A votre heureux retour.

SANS-SOUCI, LA TERREUR.

Bien obligé.

SANS-SOUCI *chante :*

Vive le vin ! vive l'amour !
Amant & buveur tour-à-tour,
Je nargue la mélancolie.
Jamais les peines de la vie
Ne m'ont coûté quelques soupirs :
Avec l'amour je les change en plaisirs,
Avec le vin je les oublie.

CHORUS.

Avec l'amour je les change en plaisirs,
Avec le vin je les oublie.

COLAS.

Ma foi, tu n'as pas changé ; tu es toujours le même.

SANS-SOUCI.

Aussi ne suis-je point appellé Sans-Souci pour rien.

LA TERREUR *verse à boire & trinque avec Colas, en lui disant :*

C'est un luron au moins.

COLAS.

Je le vois . . . mais revenons à la proposition que je voulois vous faire.

LA TERREUR.

Parle, mon cher ami, parle : je fuis à ton fervice : s'agit-il d'un fecond ? faut-il faire un coup de lame avec quelqu'un ? T'auroit-on offenfé ? Dis-le moi ; j'y vole.

COLAS.

Il ne s'agit point de cela.

LA TERREUR *en enfonçant fon cafque fur fon front*.

Cent mille canons ! pipe de tonnerre ! en femblable cas il n'y a ni pere, ni mere qui tienne.

SANS-SOUCI.

Voit-on beaucoup de grivois de cette efpece ?

COLAS.

Mais il ne s'agit point de verfer du fang, (*on verfe à boire*) il s'agit de célébrer une fête.

SANS-SOUCI.

Bon ! (*on boit.*)

LA TERREUR.

J'en fuis : (*en voulant prendre fon verre il le renverfe, & prenant la bouteille pour s'en verfer*) quoi ! plus de vin ! garçon ! du vin ! du vin !

CADET.

Monfieur, en voilà.

LA TERREUR.

Comment faquin! une bouteille feulement! Eſt-ce ainſi que boivent des Dragons de Charonne! Apportes en au moins ſix bouteilles pour chacun. Par ce moyen nous avons le temps de reſpirer avant que le vin nous manque.

COLAS.

Comme vous y allez!

SANS-SOUCI.

Bon! ce n'eſt qu'un eſſai. J'aurois voulu te voir dans le camp.

LA TERREUR.

Je ſuis la terreur du monde,
Rien ne réſiſte à mon bras
Dans ma valeur furibonde.
Je porte vingt lieues à la ronde
A la ronde
La frayeur & le trépas,
La frayeur & le trépas.
Si le Ciel en éclats s'écrouloit ſur ma tête,
Je ne tremblerois pas,
Je ne tremblerois pas.

SANS-SOUCI.

Un Dragon plein de courage,
Plein de courage,
Affronte toujours le danger.

B 3

Le vent, la tempête, l'orage,
La tempête, l'orage
Pour lui ne font que des maux paffagers. (*bis*)

COLAS.

Amis, quand j'ai bien bu
Je crois que toute la terre eft à moi. (*bis*)

On verfe à Colas double rafade, & l'on chante le refrein.

Amis, quand j'ai bien bu
Je crois, &c.

COLAS.

Un inftant, mes amis; je n'ai point coutume de boire de la forte.

SANS-SOUCI.

Bon! bon! il faut s'y faire. Allons, c'eft à la fanté de la Daronne dont tu nous propofes de célébrer la fête.

COLAS.

Oh! à ceci je ne peux me refufer : buvons donc, fans doute que vous me tiendrez parole, & que vous viendrez avec moi.

LA TERREUR.

Oui, oui, nous irons. Chofe promife, chofe due. Apprends que jamais bon Dragon ne revient fur

ſes pas, en témoigner quelque doute, c'eſt l'inſul-
ter. Cent mille & un canons ! manquer à ſa parole !

SANS-SOUCI *chante, & dans l'intervalle*
il met ſon caſque ſur la tête de Colas.

Amis, que nous importe
Que tout ſoit de travers,
Ou bien de quelle ſorte
Finira l'univers.
Quoique le monde faſſe,
N'ayons point de ſouci ;
Et ſi le temps ſe paſſe,
Nous le paſſons auſſi.

LA TERREUR.

Des grandeurs de la terre
Je fais fort peu de cas ;
Et quand je tiens mon verre,
Tout tremble ſous mes pas.
Jamais rien ne m'étonne ;
Et je crois, quand je bois,
Que ſi Jupiter tonne,
C'eſt qu'il a peur de moi.

Il arrange le caſque de Colas.

COLAS.

Ah ! que tu es fol … Finis donc…
(*Il doit commencer à parler les dents mêlées.*)

SANS-SOUCI.

Sais-tu que cela te ſied bien ?

B 4

LA TERREUR.

Mais très-bien. Allons, voyons que je te retape
les cheveux ... là ... à la dragone.

COLAS.

Quelle avance ?

SANS-SOUCI.

Laisse-toi donc faire... Tiens... il me vient une
idée... la voici... Pour bien célébrer la fête à laquelle tu veux que nous participions, nous te prê-
terons un habit de Dragon ; ce déguisement pourra
prêter à l'illusion, & l'on rira.

LA TERREUR.

En présentant le bouquet, tu prendras un ton grivois ; c'est un des moyens de réussir. Notre habit
donne de la hardiesse, & cela ne messied point quelquefois. Buvons, c'est le premier pas. (*on boit &
on reverse à boire ; la Terreur ôte son habit & le
pose sur le dos de Colas.*) Voyons donc comment
tu feras ; ma foi ! on ne peut mieux... Colas... ;
oh ! ... allons, buvons & répétons la santé de ta
Daronne.

COLAS.

Taupe, amis, taupe, pour elle je me noierois.

S A N S - S O U C I *met du vin dans le verre &*
chante :

Tant qu'il me refte
Le moindre efpoir,
Le fort le plus funefte
Ne fauroit m'émouvoir;
 Toujours lefte,
 Toujours prefte. (*bis*)

Dans l'état le plus facheux
Je ne fuis pas moins joyeux;
Nul fouci ne me tourmente,
Et je ne vois dans l'avenir
 Que du plaifir
 Que du plaifir.
Et fi-tôt qu'il fe préfente
Je fuis prompt à le faifir.

C H O R U S.

Et fi-tôt qu'il fe préfente
Je fuis prompt à le faifir.

Allons, vive la joie, mes amis! buvons : buvons
à la fanté de toutes nos connoiffances & de nos pro-
tecteurs. Commençons par celle du Roi : en peut-
on porter une plus belle ?

(C O L A S , *quoique animé par le vin , recule.*)

S A N S - S O U C I.

Comment donc ! ... pourquoi cette crainte mal

placée ? N'es-tu point avec tes amis, tes anciens camarades d'école ?

C O L A S toujours en doute.

Il est vrai . . . mais.

L A   T E R R E U R.

C'est que tu ne connois point la sage coutume des Dragons. Mon ami Colas, il est d'usage, & c'est un serment que nous prêtons au Régiment, de ne jamais faire bonne ribotte sans commencer par por-ter cette chere santé.

C O L A S.

Oh ! oh !

S A N S - S O U C I.

Je boirois avec mon pere, avec M. le Curé même que je la porterois.

LA TERREUR (pouffant Colas & le verre
en main.)

Allons, camarade !

C O L A S.

Allons.

S A N S - S O U C I.

Le vin s'échauffe, buvons donc.

(C O L A S étourdi des fumées du vin, porte le verre
à sa bouche. La Terreur profite du moment & crie.

LA TERREUR.

A la santé du Roi !

COLAS *tout étourdi.*

Mais... dites-moi donc... Messieurs, nous ..
allons... un train de ... poste, & je n'ai point...
l'usage... de boire comme vous autres.

LA TERREUR.

Bon, bon, il faut s'y faire.

COLAS.

A la bonne heure . . . mais non ... Dieu merci,
je ne me mettrai jamais dans le cas.

LA TERREUR.

Comment l'entends-tu, Colas ? il n'y a plus à re-
culer, tu es Dragon.

COLAS.

Qui? moi, Dragon !

LA TERREUR.

Oui, toi... mille bombes de Dieu ! bien de l'honneur, va, va, n'entre pas qui veut dans le Régiment.

COLAS *accablé par la surprise & par le vin.*

Mais, Messieurs, mes amis !

SANS-SOUCI.

Bon, à d'autres ! sois tranquille.

(*Il chante.*)

Ami, laisse-là la tendresse
    la tendresse
Elle ne cause que du chagrin ;
    Une pinte de vin
Vaut mieux qu'une maîtresse.
        Ami, laisse-là,
Laisse-là la tendresse
Elle ne cause que du chagrin ;
    Une pinte de vin
Vaut mieux qu'une maitresse.

LA TERREUR *reprend le refrein & dit :*

    Une pinte de vin
Vaut mieux qu'une maitresse.

Tiens… que je te fasse part d'un couplet que je veux dire à ta Daronne.

(*Il chante.*) AIR : *Tiens, garde ma pipe, &c.*
        Aimable Daronne,
        C'est en ce beau jour
        Qu'on doit à Charonne
        Prouver son amour,
        Sa reconnoissance,
        Son respect vraiment ;
        Car ainsi l'on pense
        Dans le Régiment.

Qu'en dis-tu ?

COLAS.

Tu me ranimes.

SANS-SOUCI.

Quoi ! tu y penfes encore ! Va ! va ! raffure - toi ;
tu es avec de bons lurons, des lurons de Dieu, fur
lefquels tu peux compter... à ta fanté.

COLAS *foupire.*

Hom !

LA TERREUR.

Ne fais donc plus l'enfant.... buvons : mais, à
propos, l'heure s'avance ; tu veux fouhaiter la fête
à ta Daronne !

COLAS *prefqu'ivre.*

Oh ! oui ! ".... s'il vous plaît. Songez que vous
avez promis de m'accompagner.

LA TERREUR.

Cela eft dit.

SANS-SOUCI.

Il faut nous en aller... garçon !.... Allons, garçon, de l'argent !

CADET *paroît avec la carte : la Terreur s'en*
empare & dit :

LA TERREUR.

Comment ! nous n'avons bu que dix-sept bouteilles ! Pure misere ! … Tiens , voilà de l'argent.

CADET *le recevant.*

Messieurs , n'y a-t-il rien pour le garçon.

SANS-SOUCI *à Colas.*

Donne-lui ceci.

COLAS *tend la main , & donne à Cadet ce que lui présente Sans-Souci.*

Tiens , m'nami.

CADET.

Messieurs, bien-obligé … Ce que c'est que le Militaire ! … Comment ! un louis pour boire ! …
Messieurs, vous vous trompez.

SANS-SOUCI.

Point du tout … sois content.

CADET.

Bien obligé , Messieurs.

LA TERREUR.

Il n'y a point de quoi.

SANS-SOUCI.

Tu me parois un joli garçon … tiens voilà en-

core six francs. (*à part.*) Ma foi, il est de
raille.

CADET *mettant l'argent dans sa poche.*

Messieurs, vous êtes bien bons.

LA TERREUR.

Va ! tu feras un bon Dragon.

CADET.

Comment ! ... non pas, s'il vous plaît.

SANS-SOUCI.

Va ! va ! tu ne le feras point.

CADET.
Je l'espere.

SANS-SOUCI.

Non, tu ne le feras point : car tu l'es. Ainsi, crois-
moi, prends tout de suite le cachet du Régiment ;
endosse cet habit digne des Cefars & des Alexandre.

CADET.

Oh ! c'est ainsi que vous les attrapez. (*il rêve, on
verse à boire*) Hé bien ! j'aime mieux que ce soit
vous que d'autres ! Vous me paroissez de bons enfans, de vrais lurons.... Allons donc, buvons.

SANS-SOUCI.

Mort-non pas de ma vie ! tu es un brave. Aussi *je*

te nomme la Valeur ; allons, à la santé de la Valeur.

(On verse, on boit ; Colas est assis & dort appuyé sur la table.)

CADET dit LA VALEUR.

Allons, va, je l'accepte. (*il boit & se fait verser tout de suite rasade*) Et moi, je bois à la santé des incomparables Sans-Souci & la Terreur.

LA TERREUR.

Million de foudres ! quelle acquisition pour le Régiment !

SANS-SOUCI,

Quel digne riboteur !

LA VALEUR.

Et cet autre que fait-il ? Il dort.

LA TERREUR.

Aussi n'a-t-il point mal bu.

SANS-SOUCI.

Laissons-le un instant. Nous ne risquons rien ; il est connu. Allons voir notre Capitaine ; & toi, la Valeur, tu viendras avec nous.

SANS-SOUCI

CADET dit LA VALEUR.

Avec plaisir. Cent mille bouches à feu! Depuis que j'ai bu avec vous, de l'humeur dont je me sens, j'irois détacher les portes de l'enfer; buvons, buvons : (*on boit & reboit ; la Valeur y va à triple rasade.*)

LA TERREUR.

Que je t'aime de ce caractere! mille bombes! tu effaceras la moitié du Régiment si tu le tiens toujours sur ce ton.

CADET dit LA VALEUR.

Ventrebleu! en doutes-tu ? Si ma main étoit armée du fer martial, qui oseroit...

LA TERREUR.

Moi... & quand tu voudras.

SANS-SOUCI, *en les appaisant.*

C'est chose à voir. (*on boit, on trinque, on chante*)

A i r : *Que ne suis-je la fougere !*

Avec mes amis à table
Que les mets sont succulens !
Le vin le moins délectable
Paroît des plus excellens.
Si par le Dieu de la treille
Ma raison se fait bannir,

C

Dès-lors je prends la bouteille,
Et m'enivre de plaisir. } *bis*

SANS-SOUCI.

Allons chez le Capitaine : l'heure se passe.

CADET dit LA VALEUR.

Encore un coup & partons. (*il verse par triple ra-*
sade , & enfin il boit à la bouteille.) Terminons la
Scene ; à la santé du Roi.

LA TERREUR, SANS-SOUCI.

Va … à la santé du Roi !

SANS-SOUCI *prend ses camarades sous le*
bras , & s'en va en chantant :

Si notre Sergent nous chagrine ,
Laissons-le crier. *bis*
Encore un coup à la sourdine
Il faut s'égayer. *bis*
Allons gai , réjouissons-nous
Et faisons les fous.

CHORUS.

Allons gai , réjouissons-nous ,
Et faisons les fous.

SCENE V.

COLAS *s'éveille, balbutie, ouvre les yeux & s'endort.*

Oᴜ en suis-je ! … Oui, Mamefelle Life . . . .
je remplirai vos demandes : ce font des ordres …
demain eft la fête de notre bonne Maitreffe . . .
Sans-Souci, la Terreur en feront … oh ! que nous
allons nous divertir ! . . . mon cœur.

SCENE VI.

COLAS & LISE.

LISE.

Qᴜᴇʟʟᴇ nouvelle ! quoi ! feroit-il vrai ? . . .
mais c'eft lui, ce me femble.

(*Elle avance & écoute.*)

COLAS *toujours endormi.*

Objet refpectable de mes vœux ! . . . oui.

LISE.

C'eft Colas ; quel traveftiffement ! dans quel état
le trouvé-je ! . . . oh ! non, ce n'eft point lui . . .

(*elle avance*) mais oui vraiment . . . Colas . . .
(*elle le tire par la manche*) Colas !

C O L A S.

Encore un moment . . . oh ! (*en soupirant*)

L I S E.

Colas ! (*elle le pousse*) Colas ! écoute donc.

C O L A S *s'éveille.*

Quoi ! c'est vous, Mlle Lise ! c'est vous ! Allons je
suis à vos ordres.

L I S E.

Est-ce bien toi que je vois, Colas ?

C O L A S *s'éveille vraiment.*

Mais ! où suis-je ! c'est vous, Mademoiselle ! Quoi !
quel tour m'a-t-on joué ? . . . Est-ce un enchante-
ment ? . . . Ah ! Mlle Lise, que j'ai d'excuses à
vous faire ! que de pardons à vous demander ! Non...
jamais . . . (*il se jette aux genoux de Lise.*)

L I S E *le repousse.*

Releve-toi, Colas : que diroit-on si l'on te voyoit
en cette posture ? . . . releve-toi.

C O L A S *obéit.*

J'ai été trompé, Mademoiselle ; je m'en apperçois ;
la Terreur & Sans-Souci sont des traîtres.

L I S E.

Il y a toute apparence ; tu as leur habit : ferois-tu engagé ?

C O L A S.

Je le vois ; je fuis leur victime. En vous quittant, je m'approche de ces deux Dragons que je reconnois pour enfans de Charonne , & dont j'avois été le camarade d'école : je les invite à fe rafraîchir , dans l'intention de les mettre de la fête à laquelle vous vous difpofez. On boit; je fuis furpris ; & , pour comble de malheur, je me trouve un habit de Dragon fur le corps. . . . Ce n'eft point que je regrette de fervir le Roi... je m'en eftimerois heureux dans toute autre occafion... mais ! Mlle Life, je fuis trompé.

L I S E.

Allons , Colas, prend patience. Je connois la pureté de tes fentimens. Le Ciel t'aidera ; ne t'inquiete point. J'ai des vues pour mettre ordre à tout. Songe à la fête.

C O L A S.

Il me fuffit , Mlle Life. Vous me pardonnez ; je n'ai plus la moindre inquiétude.

C 3

SCENE VII.

COLAS *seul.*

COMMENT reconnoître de pareilles bontés? ...
d'où me vient cet ange tutélaire? ... Oui, je vois...
non ... que puis-je! ... le reſpect ſeul peut m'ac-
quitter ... Grand Dieu! pourquoi m'avez - vous
fait connoître Liſe? pourquoi ne m'avez-vous point
fait naître dans les premiers rangs? Liſe!... Liſe,
vous m'ordonnez une fête : les plus tendres ſenti-
mens de reconnoiſſance me l'inſpiroient; & c'eſt
pour une Maîtreſſe que j'honore, & qui eſt reſ-
pectée également du plus grand comme du plus
petit. Grand Dieu! quand elle donne, qu'elle le
fait avec grace! qu'elle y met de délicateſſe!...
que Liſe eſt une fidelle copie de ce beau tableau!
Oui, Liſe ſuit ſes traces; Liſe :... mais je l'apperçois.

SCENE VIII.
COLAS ET LISE.

LISE.

Bonne nouvelle, Colas ! tu es Dragon ; je t'en fais mon compliment.

COLAS *étonné.*

Quoi donc ! Mademoiselle !

LISE.

Oui , je t'en fais mon compliment.

COLAS *laiſſant tomber ſes bras.*

Comment ! Mademoiselle !

LISE.

Oui, mon compliment le plus ſincere.

COLAS.

Je le reçois , Mademoiſelle , & je le reçois avec le reſpect qui vous eſt dû.

LISE.

A la bonne heure. Cependant il te faut dire une choſe , Colas.

C 4

COLAS.

Quoi donc! Mademoiselle!

LISE.

Connois-tu tous tes parens ?

COLAS.

Mais , Mademoiselle.

LISE.

Parle , ne rougis point.

COLAS.

Pourquoi rougir , Mademoiselle? Mon pere &
ma mere étoient d'honnêtes gens , bons Fermiers, qui sont morts & m'ont laissé en bas âge.
J'ai subi le sort de la plupart de ceux qui sont
trop jeunes mineurs. Mon humeur altiere n'a pu
souffrir la correction. J'ai quitté le pays & je suis
entré dans la condition où vous me voyez. J'y suis
il y a bientôt douze ans, & depuis je n'ai eu au-
cune nouvelle du pays. Je vous avouerai même
mon espece d'ingratitude : je ne m'en suis pas in-
formé.

LISE.

Eh bien ! Colas , j'en sais plus que toi : ces Fer-

miers dont tu me parles ne font point tes pere &
mere ; tu es de plus haute naiffance.

C O L A S (*avec empreffement.*)

Comment donc ?

L I S E.

Oui : ces Fermiers n'étoient que des perfonnes
auxquelles tu étois recommandé par un pere
& une mere refpectables que des affaires particu-
lieres obligerent de paffer en Amérique. Trop
jeune , ils ne purent t'emmener ; ils te recom-
manderent à leur Fermier ; la guerre étant furve-
nue , toutes nouvelles furent interceptées. Les perfonnes auxquelles tu étois confié , & à qui l'on
avoit laiffé de l'argent pour t'élever, vinrent à mou-
rir ; ils étoient fans enfans. Des parens avides s'em-
parent de la fucceffion fans s'inquiéter de toi.
Jeune , rebuté de mauvais traitemens, tu pris ton
parti, tu vins en cette maifon. Voilà, Colas, voilà ce
que je viens d'apprendre dans le moment.

C O L A S (*avec empreffement.*)

Mais quel étoit mon pere ?

L I S E.

Un bon Gentilhomme.

COLAS.

Gentilhomme ! Mlle Life !

LISE.

Oui Colas, la fortune ne lui rit point dans les premiers momens. Il fervit, & eut querelle avec un Officier général. Obligé de fe cacher, il paffe avec ta mere à Tabago. Il y fait fortune.

COLAS;

Comment ! Mademoifelle Life !

LISE.

Des amis parlent pour lui en cour. L'Officier général même avec lequel il avoit eu affaire s'y intéreffe. Au bout de quatre ans ton pere revient ; il reparoît, reprend fon fervice ; mais il ne retrouve point fon fils !

COLAS.

Et c'eft moi ?

LISE.

Tu ne tarderas point à le favoir plus particuliérement.

COLAS.

Mais d'où tenez - vous tous ces détails, Mademoifelle ?

L I S E.

Le voici : c'eſt par un des parens du Fermier chez lequel tu étois. Il t'a reconnu, & il n'a eu rien de plus preſſé que d'en faire part à ton pere.

C O L A S.

Quoi ! eſt-il poſſible, Mlle Liſe ?

L I S E.

Et une choſe encore plus ſinguliere, c'eſt que ton pere eſt une des anciennes connoiſſances de notre Patrone. Il lui a écrit tous ces détails, & il lui mande qu'il ſeroit déja auprès d'elle, ſi ſa femme n'étoit tombée malade de la grande joie qu'elle a reſſenti en apprenant cette nouvelle.

C O L A S.

Ma mere ! ha ! Mlle Liſe.

L I S E.

Sois ſûr de ce que je te dis. Je viens de le lire mot pour mot dans la lettre de M. Lindor.

C O L A S.

Lindor… de fait, c'eſt le nom que je portois.

L I S E.

Eh bien ! Colas, t'attendois-tu à cette nouvelle ?

COLAS.

Que j'ai de graces à rendre au Ciel !

SCENE IX.

LISE, COLAS, LA TERREUR, SANS-SOUCI,
CADET dit LA VALEUR.

(On entend Sans-Souci qui chante dans le lointain.)

LISE.

Voila nos étourdis.

COLAS.

Dites, libertins.

LISE.

Je veux chercher à les éviter. Adieu, je m'en vais.

COLAS.

J'en fais autant.

LA TERREUR.

Oh là ! Colas ! oh là ! tu fuis !... mais, arrête
donc, tu n'es plus ton maître : le fais-tu ?

COLAS.

Oui, je le fais.

LA TERREUR.

Tu fais comme une partie de nos novices : tu as
de l'humeur en diable.

COLAS.

Que t'importe ?.. parle !... que veux-tu ?... tu es
Dragon, n'eſt-il pas vrai ? eh bien ! je le ſuis auſſi.

LA TERREUR.

Mille & une bouches à feu ! comme il y va ! Sais-
tu, Colas, que je ſuis la Terreur ?

COLAS.

Crois-tu m'en impoſer ?

LA TERREUR.

Sois tranquille ; crois-moi million de bombes ! qui...

COLAS.

Mais encore un coup. (*ils ſont ſur le point de ſe*
battre : on les appaiſe.)

S C E N E X.

LINDOR, LISE, COLAS, LA TER-REUR, SANS-SOUCI, CADET dit LA VALEUR.

S A N S - S O U C I.

Vous arrivez fort à-propos, mon Capitaine.

L I N D O R.

(*à part.*)

Mon cœur palpite... Qu'y a-t-il mes enfans ?
Allons, appaisez-vous.

L I S E.

Monsieur, dans le nombre reconnoîtriez-vous celui que vous cherchez ?

L I N D O R.

C'est celui-ci qui est si animé... oui, c'est lui...
je le reconnois... il a tous les traits de sa mere...
approchez... c'est vous, jeune homme, approchez.

L A T E R R E U R.

Mon Général, c'est un mutin à qui j'en imposerai,
s'il vous plaît.

LINDOR.

Tais-toi ... eh bien ! dites-moi, mon cher, y a-t-il long-temps que vous êtes en ce pays ?

COLAS.

Il y a bientôt douze ans.

LINDOR.

Quel âge avez vous ? quel est votre pays ?

COLAS.

J'ai dix-neuf ans ; je suis du village de Bretinville.

LINDOR.

Votre nom ?

COLAS.

On m'appelloit Lindor : quelquefois aussi on me nommoit du nom de mon village.

LINDOR *se jettant au cou de Colas.*

O mon fils !

COLAS *se précipitant aux genoux de Lindor.*

O mon pere !

LINDOR.

Oui, vous êtes mon fils. (*il releve Colas*)

COLAS.

Que puis-je faire pour mériter le titre que vous me donnez ?

LINDOR.

Il ne manque à mon bonheur que de te préfenter à ta mere.

LISE.

Grand Dieu !

SCENE XI & *derniere.*

LINDOR, LISE, COLAS , LA TERREUR , SANS-SOUCI , CADET , dit La VALEUR, *un Domeftique.*

(un Domeftique lui remet une lettre dont elle lit l'adreffe.)

LISE.

A M. LINDOR, *Capitaine des Dragons du Régiment de Charonne.*

(Elle remet la lettre à Lindor , qui la décachete promptement.)

LINDOR.

Pardonnez … quoi donc ! eft-ce que ma femme
feroit

feroit plus mal ? (*il lit*) mais non ; c'eft de la Maitreffe de ce canton. (*il lit haut*) « Monfieur,
» tout va vous paroître merveilleux en ce jour. Il
» eft d'heureux inftans. Vous retrouvez un fils qui,
» par les qualités du cœur, ne dégénere point des
» vertus de fon pere. A l'inftant que vous le recon-
» noiffez, la fortune la plus agréable fe préfente. Je
» lui offre cent mille écus & Life. Cette aimable en-
» fant dont il ne peut douter de la vertu, eft la fille
» du Comte de Berthenhen, brave Officier, que
» vous avez connu : on vient de me faire un legs de
» cent mille écus. Nulle difficulté, j'entre en jouif-
» fance. Je crois n'en pouvoir faire un meilleur ufage
» qu'en employant cet argent à former l'établiffe-
» ment de perfonnes dont je connois tout le mérite. Je
» fouhaite que la chofe vous convienne aux uns &
» aux autres : mon but eft de faire des heureux. Je &c.

LINDOR *jette les yeux fur Life & fur Colas.*
Eh bien ! mes enfans ! ... eh bien ! Mlle Life !

L I S E.

J'admire les effets de la providence, Monfieur. J'en fuis pénétrée.

C O L A S.

Pouvois-je efpérer un tel bonheur ! hélas ! Mlle !
(*Il tend avec refpect la main à Life : Lindor prend*
celle de Life & l'unit à celle de Colas.)

D

LINDOR.

Soyez heureux, mes enfans, foyez heureux, & que votre feule vertu faffe des jaloux.

LA TERREUR.

Tout cela eft bon, notre Capitaine ; nous vous en faifons bien notre compliment ; mais . . .

LINDOR.

Je vous entends . . . Tenez, voilà vingt-cinq louis pour partager entre vous. Demain vous viendrez me voir. En attendant, célébrons la fête que le refpect & la reconnoiffance infpirent à nos enfans.

LA TERREUR.

Mille yeux ? quelle journée !

SANS - SOUCI *à la Valeur.*

Eh bien ! qu'en dis-tu, la Valeur ?

CADET dit LA VALEUR.

Que je fuis fâché, ventrebleu ! d'avoir été un inf-tant fans être Dragon ! Oh ! le bon métier ! point de chagrin, de l'argent, & toujours en ribote ; eft-il état plus heureux !

VAUDEVILLE.

Sur l'air : *Il n'est point de bonne fête sans lendemain.*

COLAS.

J'ai retrouvé mon pere,
Je me vois comblé de bien ;
Nul bonheur sur la terre
Ne peut égaler le mien.
Célébrons notre maitresse
Pour surcroît d'heureux destin,
Et que nos chants d'allégresse
    Durent sans fin.

J'obtiens la main de Lise,
Grand Dieu ! que je suis content !
Pour moi quelle surprise
D'épouser c'te belle enfant !
C'est à not-chere maitresse
Que je dois ce sort charmant :
Chantons, célébrons sans cesse
    Ct'heureux moment.

LISE.

De vous, chere maitresse,
Je tiens l'éducation ;
Je veux par ma sagesse
Fixer votre attention.
Oui, recevez mon hommage,

Daignez prendre ce bouquet ;
Et qu'il vous ferve d'ôtage
   Pour mon refpect.

LA VALEUR.

Je chante Magdelaine,
Je célebre fes appas ;
Amis, prenons haleine,
Et fuivons-la pas à pas.
Les grâces font autour d'elle ;
Les jeux, les ris font fa cour :
Et Venus n'eft pas plus belle
   Dans fon féjour.

SANS-SOUCI.

C'eft la reconnoiffance
Qui nous boute tous en train ;
Ayez donc d'l'indulgence
Pour nous tous un petit brin.
Si j'ons du vin dans la tête,
Not'cœur de refpect eft plein :
Ainfi je chantrons la fête
   Soir & matin.

LA TERREUR.

Les Dragons de Charonne
Ne font point des fanfarons ;
Morgué, belle patronne,
Ce font de braves lurons.
Quand ils difent je vous aime,
Ou qu'ils donnent un bouquet,
Ça part du fentiment même,
   C'en eft l'effet.

FIN.

LES LAITIERES

DE BAGNOLET,

PIECE EN UN ACTE

Repréſentée à Charonne pour la premiere fois le 28 Juillet 1771.

ACTEURS.

PERRETTE, SUZON,	} *Laitieres.*
LA FOREST, LA PLAINE,	} *Braconiers.*
LA FAISANDIERE, PERDRIAU,	} *Gardes-chasses.*

La Scene est à Bagnolet.

LES LAITIERES
DE BAGNOLET.

SCENE PREMIERE.
LA FOREST, LA PLAINE.

LA FOREST.

Voila l'aurore qui commence à paroître, & nous avons encore bien peu de chose dans notre carnier.

LA PLAINE.

Ne nous plaignons point... quoi donc!... sept perdrix!... deux faisans!... trois lapins!.. huit lievres!...

LA FOREST.

Songe donc que, dans tes huit lievres, tu en as arrêté six au collet...que toutes tes perdrix ont été prises de même.

D 4

LA PLAINE

J'avoue que nous avons foufré les deux faifans.

LA FOREST, *d'un air de dépit.*

Pas un coup de fufil !

LA PLAINE.

Tant mieux . nous en fommes plus tranquilles; nous en donnons moins l'alerte aux Gardes.

LA FOREST.

Oh ! cependant j'apperçois quelque chofe dans ce taillis.

LA PLAINE.

C'eft un lapin.

LA FOREST *le couche en joue , le tue ; & courant fur fon gibier.*

Le voilà . . .

(*Il en apperçoit encore un autre qu'il tire & qu'il tue.*)

Bon , cela commence.

LA PLAINE.

Mais fais-tu bien qu'en y allant de la forte, tu feras venir le Garde ?

LA FOREST.

Que m'importe ! j'ai de quoi lui répondre.

(*Il charge*)

LA PLAINE.

Pourquoi s'attirer des affaires ?

LA FOREST.

Tu as toujours peur.

LA PLAINE.

Tiens , veux-tu fuivre mon confeil ? le foleil eft levé ; il eft déja quatre heures & demi... retirons-nous.

LA FOREST.

Bon ! il eft encore trop tôt ... remettons-nous encore un inftant à l'affût.

LA PLAINE.

Non ... je m'en vais.

LA FOREST.

Encore un moment : j'ai bon augure.

LA PLAINE.

Le jour eft trop avancé ... voilà les Laitieres qui vont à Paris.

SCENE II.

LA FOREST, LA PLAINE, PERRETTE, SUZON.

LA FOREST.

Tachons de n'en être point reconnus.

(*Ils baiſſent leurs chapeaux.*)

PERRETTE.

Portons promptement notre marchandiſe à Paris, & dépêchons-nous de revenir. C'eſt la fête du village de Charonne, & la Dame du Canton a donné un prix à tirer.

SUZON.

Il eſt vrai... les garçons ne manqueront pas de venir nous chercher.

LA PLAINE.

Cachons-nous derriere ce buiſſon.

(*LA FOREST apperçoit un lapin & le tue.*)

PERRETTE.

Ah! ah! mon Dieu!

SUZON.

J'ai eu peur aussi.

PERRETTE.

Ce n'est rien.

SUZON.

Quoi! déja les chasseurs!

PERRETTE.

Non, ce sont les Braconiers.

SUZON.

Le vilain metier que celui-là.

PERRETTE.

Quelle fureur!... non, je ne voudrois jamais épou-
fer un homme qui auroit cette inclination.

SUZON.

C'est une horreur : passer la nuit à l'injure du temps,
courir à chaque moment le risque d'un coup de fusil des Gardes. Ah! grand Dieu!

PERRETTE.

Voilà cependant la fureur de nos jeunes gens du
village.

SUZON.

C'est bien pis à la Ville , la jeunesse y est folle & libertine ; au Village au moins elle n'est que vive &
& étourdie.

PERRRETTE.

Qui vaut le mieux ?

SUZON.

Mais nous n'avançons pas chemin !

PERRETTE.

Assurément … allons donc … allons.

SCENE III.

LA FOREST, LA PLAINE.

LA FOREST.

Les voilà parties.

LA PLAINE.

Oui … sais-tu qui c'étoit ?

LA FOREST.

Non.

LA PLAINE.

Comment ! toi qui dis aimer, tu n'as pas été éclairci par ton cœur ?

LA FOREST.

Quoi ! eſt-ce que c'étoit Perrette ? Tu veux badiner

LA PLAINE.

Non … je t'aſſure que c'étoit elle.

LA FOREST.

Heureuſement je n'ai pas été reconnu ; car elle
ne peut ſouffrir les Braconiers.

LA PLAINE.

Elle n'a point tout-à-fait tort ; car qui fait métier
de braconage ne devroit pas ſonger à ſe marier.

LA FOREST.

J'avoue qu'on eſt bien expoſé.

LA PLAINE.

Allons-nous en … allons.

LA FOREST.

Tu es toujours preſſé …. tiens, je vois dans ce
buiſſon …

(*Il couche en joue, & la Plaine ſe met à l'affût.*)

※

SCENE IV.

LA FOREST, LA PLAINE, PERDRIAU.

PERDRIAU.

Oui ... je les apperçois ... il y a long-temps que je les cherche ... mon fusil à deux coups est chargé ... La batterie est en état ... attendons qu'ils aient tiré ... le temps est beau ... le gibier est abondant ; ils ne tarderont point à être surpris ... en attendant, je vais charger mes pistolets .... Bon, je suis à toute épreuve.

LA FOREST *tire & crie.*

A toi, la Plaine.

(La Plaine tire ; aussi-tôt Perdriau paroît.)

PERDRIAU.

Alte-là ... (*il les couche en joue*) rendez - vous. Le premier qui branle, je lui passe trois balles dans le corps ... prenez garde ... (*il siffle*) encore une fois, prenez garde ...

(La Plaine rend les armes & s'enfuit.)

LA FOREST.

Ah ! le lâche !

SCENE V.

LA FOREST, PERDRIAU.

PERDRIAU.

Ma foi, il a bien fait. Crois-moi .... fais-en autant.

LA FOREST.

J'aimerois mieux ...

PERDRIAU.

Allons, encore une fois ...

(*Il le couche en joue & saute dessus.*)

LA FOREST.

Million de bombes ! ... (*en se débattant*) non.

PERDRIAU.

Ah ! je te tiens ! tu as beau faire ... (*en se débattant le chapeau de la Forêt tombe.*) Mais quoi ! c'est toi, la Forêt ! c'est toi, mon ami !

LA FOREST.

Oui, c'est moi ... j'en suis fâché ... ne me perds point, mon cher Perdriau.

PERDRIAU.

Tu me connois.

SCENE VI.

LA FOREST, PERDRIAU, LA FAISANDIERE.

LA FAISANDIERE *en accourant.*

Tue ... tue ... tue. Le voilà enfin !

(*Il le prend au collet.*)

LA FOREST.

Un inftant, M. la Faifandiere !

LA FAISANDIERE.

Non .... non .... oh ! point de quartier ! à la geole !

PERDRIAU.

Un moment donc, la Faifandiere ! un moment ! c'eft.

LA FAISANDIERE *donnant plufieurs coups de fiflet.*

Allons ... allons .... (*il veut le lier.*)

LA FOREST.

Mort non part de ma vie ! ... non, jamais ....
c'eft

inutile. (*en se débattant*) Mais . . . puisque j'ai fait la sottise de me rendre , je vais vous suivre.

PERDRIAU.

La Faisandiete , laisse-le ; je t'en réponds . . . c'est la Forêt . . . c'est un bon diable . . . tu seras content.

LA FAISANDIERE.

Quoi! c'est toi, Perdriau, qui voudrois me corrompre ! . . . Je ne l'aurois jamais cru . . . c'est en vain, marchons.

PERDRIAU.

Je ne te conçois point , la Faisandiere, tu doutes de moi ?

LA FAISANDIERE.

Tu sais les ordres sévéres que nous avons reçus ces jours derniers; on nous a fait les reproches les plus vifs , notre bonté est un crime . . . aujourd'hui nous avons occasion de prouver que nous faisons notre devoir, & nous ne la faisirons pas! . . . non : . . . allons . . . marche . . . (*en parlant à la Forêt . . . & à Perdriau . . .*) je me charge de cet homme ; occupe-toi de l'autre.

E

SCENE VII.

PERDRIAU.

Que je fuis fâché d'avoir fait tant de bruit!...
mais je ne l'ai point remis d'abord... ah! pauvre la Foreſt!... je ne peux qu'adoucir ton ſort
par ma dépoſition... Cependant je trahirai mon
devoir; & ſur cet article on ne peut être trop ſcru-
puleux. Depuis un temps ces malheureux Braconiers en ont tant fait!... ils nous ont bleſſé plu-
ſieurs... il en a coûté la vie à ce pauvre la Lapi-
niere. Moi-même j'ai penſé y périr... Je conçois
que ce n'eſt pas la Foreſt... mais parmi ces Braconiers il y a tant de coquins, qu'il eſt en vérité
à propos d'y remédier. Faiſons donc notre devoir.
Voyons s'il n'en viendra point quelqu'autre.

(*Il ſe cache.*)

SCENE VIII.

PERDRIAU, PERRETTE, SUZON.

PERRETTE.

CELA eſt bien triſte en vérité! ſe lever de grand matin; partir même avant le jour, & ſe voir privée du fruit de ſes peines! ... c'eſt malheureux.

PERDRIAU.

J'avoue que cela eſt fâcheux ... perdre de la ſorte ſon ami !

PERRETTE.

Ne vous moquez point de nous. Cela vous eſt aiſé à dire, M. Perdriau.

PERDRIAU.

Ma foi, non. Ce que je dis eſt bien ſincere ; & je regrette vraiment mon bon ami la Foreſt.

PERRETTE.

Bon ! c'eſt bien de lui que je parle ! voilà comme vous êtes tous ; vous croyez qu'on ne penſe qu'à vous.

PERDRIAU.

Non, c'est que . . . .

PERRETTE.

Je racontois mon guignon d'avoir renversé mon pot au lait, en entrant dans Paris.

PERDRIAU.

Ce n'est qu'un petit malheur, ma chere Perrette.

PERRETTE.

Quoi donc ! que faudroit-il de plus pour que tu puisses me plaindre ?

PERDRIAU *d'un air triste.*
Hélas !
PERRETTE.
Qu'y a-t-il ?
PERDRIAU.

Je comptois que c'étoit de la Forest que tu parlois . . . dans le moment, sans le connoître, j'ai eu le malheur de l'arrêter en braconant.

PERRETTE.

Ah ! mon Dieu !

PERDRIAU.

J'avois donné le coup de fiflet, ne le remettant

point d'abord. La Faisandiere est survenu, qui n'a jamais voulu lui accorder de grace, & il est allé le conduire en prison.

PERRETTE.

Qui ? la Forest ? . . . La Forest braconoit !

SUZON.

La Forest !

PERDRIAU.

Oui, la Forest, le prétendu de cette pauvre Perrette.

PERRETTE.

O comble de malheur !

PERDRIAU.

J'en suis en vérité bien fâché pour lui & pour toi.

PERRETTE.

Je sais ton bon cœur, Perdriau ; je crois bien que s'il eût dépendu de toi . . .

PERDRIAU.

Assurément ! il ne seroit point dans la peine où il se trouve.

PERRETTE.

Quoi ! la Faisandiere n'a pu se laisser fléchir ! . . .

E 3

oh! l'homme dur!... Suzon, ma chere Suzon, c'est à toi que je me recommande.

SUZON.

A moi!

PERRETTE.

Oui, à toi. Depuis long-temps la Faisandiere te fait la cour, & tu peux tout sur lui... (*elle pleure*)

SUZON.

Si cela est, ma bonne amie, remets-toi ; tu peux compter que je ferai mon possible pour que tu sois contente.

PERRETTE *pleurant.*

Oh ! la Forest ! la Forest ! quoi ! tu braconois !

PERDRIAU.

Ce n'est que trop vrai.

SUZON.

Ne t'abandonne point ainsi à ta douleur, il peut y avoir du remede. Perdriau va voir la Faisandiere, & il lui témoignera, sans faire semblant de rien, que je suis charmée de le voir.

PERRETTE *sanglotant.*

Oui, mon cher Perdriau, oui, voyez promptement la Faifandiere . . . le peu de fortune que j'ai, offrez-lui.

PERDRIAU.

Adieu . . . confolez-vous, je vais faire pour le mieux.

SCENE IX.

PERRETTE, SUZON.

PERRETTE.

OH ! ma chere Suzon ! l'aurois-tu pu croire? qui auroit penfé que la Foreft fe fût occupé à braconer?

SUZON.

Je ne pouvois me l'imaginer, quoiqu'on me l'eût dit plufieurs fois. On fe plaît tant à mal parler !

PERRETTE.

Ah ! Suzon ! Suzon ! qu'il eft doux d'aimer ! mais que l'amour a de traverfes ! C'eft une belle rofe avec toutes fes épines.

SUZON.

Effuie tes larmes. Voilà quelqu'un qui s'avance . . . oui... c'eft juftement M. de la Faifandiere.

PERRETTE *surprise.*

M. de la Faisandiere !

SUZON.

Oui , lui-même.

SCENE X.

PERRETTE, SUZON, LA FAISANDIERE.

SUZON *s'approche de la Faisandiere.*

Bon jour , M. de la Faisandiere.

LA FAISANDIERE.

Ah ! c'est vous, belle Suzon ! je vous souhaite bien de la santé : pour plus de charmes . . .

SUZON.

Tréve de complimens : pour moi, je vous avouerai que je vous rencontre fort à propos.

LA FAISANDIERE.

Que puis-je pour vous , Mlle Suzon ?

SUZON.

On dit que vous avez arrêté ce matin des Braconiers.

LA FAISANDIERE.

Il eſt vrai.

SUZON.

On m'a aſſuré que c'eſt la Foreſt.

LA FAISANDIERE.

Oui, Mademoiſelle.

SUZON.

C'eſt un bon garçon, M. la Faiſandiere ; il ne faut
point lui faire de peine.

LA FAISANDIERE.

Que voulez-vous, Mlle Suzon ? je n'en ſuis plus
le maître . . . il eſt entre les mains du Bailli.

SUZON.

Mais votre dépoſition, vous pouvez la rendre plus
ou moins chargée.

LA FAISANDIERE.

Il faut la vérité, belle Suzon.

SUZON.

Sans doute. Mais tenez, Perrette (*elle lui fait ſi-*

gne d'avancer) va fe joindre à moi, & vous ne nous refuferez point.

PERRETTE (*ne peut retenir fes larmes.*)

Ah ! M. la Faifandiere ! ayez pitié... (*elle pleure*) ayez pitié de ce pauvre la Foreft.

SUZON.

Je vous en prie, M. la Faifandiere.

LA FAISANDIERE.

Cela eft bien ; mais que puis-je ?

PERRETTE.

Tout, M. la Faifandiere... tout.

LA FAISANDIERE.

C'eft fort aifé à dire !

SUZON.

Allons, M. la Faifandiere, il faut faire quelque chofe pour nous, je vous en prie.

PERRETTE.

M. la Faifandiere, laiffez-vous fléchir, je vous en fupplie.

LA FAISANDIERE.

Mais Mlle Perrette !

SUZON.

Il faut abfolument nous promettre que vous ferez favorable à ce pauvre la Foreft... Quoi! les larmes de Perrette ne vous touchent point!

LA FAISANDIERE.

Mais, Mlle Suzon!...

PERRETTE.

Si vous aimez Suzon, donnez-en une preuve, M. de la Faifandiere.

LA FAISANDIERE.

Mais, Mlle Perrette!...

SUZON.

Eh bien! oui, j'en exige la preuve.

LA FAISANDIERE.

Songez donc...

SUZON.

Songez que nous exigeons que vous faffiez tout ce qui dépendra de vous.

LA FAISANDIERE.

Je le veux, & je vous le promets... cependant

je vous avouerai que je ne vous ferai pas d'un grand fecours. Non … tout ce que je pourrai faire ne vous avancera point.

PERRETTE.

J'en augure mieux, M. la Faifandiere.

SUZON.

Il faut vous y prêter. Vous ne pouvez vous refufer… allons, M. la Faifandiere … allons.

LA FAISANDIERE.

Mais, Mademoifelle, on eft fi fort irrité contre les Braconiers ! … ils ont tant fait de mal !

PERRETTE.

La Foreft doit en être excepté.

SUZON.

Ne pouvez-vous point à fon égard faire connoître ?…

LA FAISANDIERE.

Je ne peux rien. Son carnier dépofe contre lui… ce que j'ai dit le confirme … mais attendez … voici qui vaudra mieux. La Dame du Canton eft fort liée avec notre Capitaine des chaffes. Elle eft bonne & compatiffante. Si elle veut s'en mêler, tout ira bien.

SUZON.

Oh ! elle s'en mêlera affurément . . . elle n'a rien
plus à cœur que d'être utile.

PERRETTE.

Que je fuis contente !

LA FAISANDIERE.

Je fuis fâché de ne pouvoir davantage. Adieu ;
Mefdemoifelles ; adieu (*du côté de Suzon*) adieu,
charmante Suzon! . . . vous faites de moi ce que
vous voulez.

SCENE XI.

PERRETTE, SUZON.

SUZON.

Que je le voudrois pour ce pauvre malheureux
la Foreft ! . . cependant , Perrette , l'expédient qu'il
vient de nous donner me paroît bien bon.

PERRETTE.

Il eft vrai. Mais comment le mettre en ufage ? je
ne connois point cette Dame , ni même perfonne

de la maifon . . . . oh ! je n'oferois jamais.

S U Z O N.

Pourquoi cette timidité ? tu n'y fais point attention. J'ai toujours entendu dire que, quand on
aimoit vraiment, on ne voyoit rien d'impoffible.

P E R R E T T E.

Je me rends. J'ai pris mon parti ; & c'eft au point
que, quand bien même je ne ferois point attachée
à la Foreft, il me fuffiroit qu'il fût malheureux
pour m'y intéreffer. Le bien, ma chere Suzon, eft
toujours bon à faire. Je vais de ce pas me jetter aux
genoux de notre protectrice. Je lui dirai tout na-
turellement que je fuis une amante malheureufe ,
qui reclame la liberté d'un amant encore plus malheureux. Je lui dirai... (*elle pleure*)

SCENE XII.

PERDRIAU, PERRETTE, SUZON.

PERDRIAU.

QUE fes larmes font belles! qu'elles font atten-driffantes!.. mais effuyez-les, Perrette. Vous m'a-vez chargé d'une commiffion, & je viens vous en rendre réponfe.

PERRETTE.

Y a-t-il quelque chofe de nouveau?

SUZON *(avec empreffement.)*

Nous venons de voir la Faifandiere, qui nous a tout promis.

PERDRIAU.

Et moi, je vous promets encore plus; car je vous annonce la liberté de la Foreft. J'ai été demander fa grace à la Dame du Canton. Elle m'a donné une lettre pour le Capitaine des Chaffes : je la lui ai portée, & tout de fuite il a fait relâcher la Fo-reft. Dans l'inftant, vous allez le revoir.

PERRETTE.

Eſt-il bien vrai, mon cher Perdriau ? que de remer-cîmens j'ai à vous faire !

SCENE XIII.

PERDRIAU , LA FOREST, PER-RETTE , SUZON.

LA FOREST.

Bon jour, Mlle Perrette! bon jour Mlle Suzon! Permettez-moi, cher Perdriau, de vous embraſ-fer ... c'eſt à vous, c'eſt à vos ſoins que je dois la liberté... Oui, Perrette, oui, ma douce amie, ſans Perdriau, peut-être aurois-je été privé pour toujours du bonheur de vous voir.

PERRETTE.

Que vous m'avez donné de cruelles inquiétudes ! que Suzon, ma bonne amie Suzon, y a pris de part !

LA FOREST.

Comment vous témoigner combien j'y ſuis ſenſi-ble? (*il prend la main de Perrette & la baiſe ; il ſe retourne vers Suzon & en fait autant*) permettez....
SUZON.

SUZON.

Je le veux bien, la Foreſt; mais à une condition...
c'eſt que vous ne braconerez plus.

PERRETTE.

Oh oui! il faut nous le promettre.

LA FOREST.

Je vous le promets, d'honneur! j'ai trop ſouffert
lorſque j'ai été ſurpris. Ce n'eſt point la crainte de
la mort qui ſe faiſoit ſentir. L'idée ſeule qui m'ac-
cabloit étoit la crainte de ne pouvoir unir mon ſort
à celui de ma chere Perrette. Quel tourment, grand
Dieu, cette appréhenſion m'a-t-elle cauſé!

SCENE XIV.

PERDRIAU, LA FAISANDIERE, LA FOREST,
PERRETTE, SUZON.

LA FAISANDIERE *d'un air empreſſé.*

Ah Perrette! ah Suzon! je viens; mais voilà la
Foreſt ... vous en ſavez tout autant que moi.

PERRETTE.

Oui, M. la Faisandiere ; il me reste à vous en témoigner ma reconnoissance. Ma joie est parfaite.

LA FAISANDIERE.

Cependant, Mlle Perrette, cette nouvelle n'est point aussi bonne que vous pouviez la desirer, & que vous la méritiez.

PERRETTE.

Pourquoi donc ? qu'y a-t-il ?

LA FAISANDIERE.

C'est que le pere de la Forest vient d'être arrêté dans le moment pour la Taille.

LA FOREST.

Mon pere !

LA FAISANDIERE.

Oui, votre pere vient d'être conduit en prison. Tout est saisi chez lui ; la vache, la chêvre & le mouton sont enlevés.

PERRETTE.

Il n'est pas possible !

LA FAISANDIERE.

Je vous fais excufe; les Collecteurs ont pris ce parti, fachant que la Foreft avoit été furpris en braconage.

LA FOREST.

Quoi! mon pere en prifon! c'eft moi qui en fuis la caufe!

SUZON.

Comme les malheurs s'enchaînent!

LA FOREST *réfléchiffant:*

Moi, en être la caufe! ... la caufe innocente il eft vrai... ô mon pere! mon malheureux pere! non, je n'y peux plus tenir. Je vole à fon fecours.

SCENE XV.

PERDRIAU, LA FAISANDIERE, PERRETTE, SUZON.

PERRETTE.

Que je fuis accablée, que ce garçon eft pourfuivi par le fort! Il femble que, quand on eft une fois dans le malheur, tout doit s'enfuivre.

SUZON.

Il est d'autant plus à plaindre que c'est un garçon rempli d'ame.

PERRETTE.

Son pere ne lui céde en rien. C'est un homme res-pectable, & qui méritoit un meilleur sort. O Su-zon! ô Messieurs! soyez touchés de compassion!

LA FAISANDIERE.

Je suis en vérité pénétré de ces malheureux événe-mens : le pauvre la Forest ne le mérite pas ; il a toujours fait honneur à ses affaires. C'est sa derniere maladie qui lui cause ce dérangement.

PERDRIAU.

Il faut le croire : il est en vérité digne d'un meil-leur sort, & les Collecteurs sont bien mal avisés. Avec sa bonne conduite & un peu de temps il auroit assu-rément satisfait à ce qu'il pouvoit devoir.

PERRETTE.

Il le disoit ces jours derniers à mes accords. Je vais jouir, s'écrioit-il, je vais jouir.

PERDRIAU.

Que les vrais plaisirs sont rares! & que les peines

font communes !... ah ! le pauvre pere la Foreſt !...
ah ! le brave homme !... Voyons à y apporter remede.
Je ferai l'impoſſible. (*Il fort avec la Faiſandiere*)

SUZON.

Je vais auſſi tout tenter de mon côté. Conſole-toi ,
Perrette , j'ai bonne eſpérance. (*elle s'en va*)

SCENE XVI.

PERRETTE *feule.*

Qu e je fuis à plaindre ! que mon fort eſt trifte !
que ce jour eſt malheureux pour moi !... qui l'auroit pu prévoir ! Je fuis accablée d'accidens fur accidens... il ne faut point avoir des préjugés ...
cependant je pars de grand matin pour porter mon
lait à la Ville. Aux barrieres , je fais un faux pas :
ma marchandife eſt perdue , & mon pot eſt brifé...
non , c'eſt dans l'ordre : rien de plus naturel. Je
reviens : je ne fuis point rentrée que j'apprends la
détention de la Foreſt ; il eſt arrêté comme Braco-
nier. Ce malheur n'eſt pas heureufement de lon-
gue durée : on m'annonce prefqu'auſſitôt fa liberté :
Je fuis faifie de joie lorfque tout - à - coup on

me dit que fon pere eſt fait priſonnier pour la taille. Ah ! grand Dieu !

SCENE XVII.

LA FOREST, PERRETTE.

LA FOREST.

Il n'eſt que trop vrai. Mon pere, mon pauvre pere, a été traîné en priſon. Ah ! Perrette ! ma chere Perrette ! que de malheurs coup ſur coup !

PERRETTE.

J'en ſuis toute pétrifiée. Mais, mon cher la Foreſt, que veux-tu ? . . . il faut prendre ſon mal avec patience.

LA FOREST.

Je le ſais ; mais mon pere eſt en priſon. Que faire ? il doit cinq cents livres & les frais ; où prendre cet argent ? de quel côté nous retourner ?

PERRETTE.

Mon cher la Foreſt, je ne ſuis point riche, tu le ſais, puiſque nous ſommes accordés. Prends mon trouſſeau, vends-le.

LA FOREST.

Je te suis obligé, chere Perrette; mais, ma chere amie, quand je le vendrois, que cela peut-il nous faire! il n'y auroit point de quoi payer le quart, & nous avons à faire à des Collecteurs durs & barbares.

PERRETTE.

Quelle douleur! ah! mon Dieu!

LA FOREST.

Que je suis embarrassé!... de quel moyen me servir?... tiens, je n'en vois qu'un... mais je ne peux te le dire.

PERRETTE.

Pourquoi donc ce mystere?

LA FOREST.

Ce n'est point mystere, ma chere amie... non, ce n'est point mystere... les mauvaises nouvelles s'apprennent toujours assez tôt.

PERRETTE.

Que peut-il y avoir encore pour aggraver mes peines? Parle, mon cher la Forest, je ne te laisse pas tranquille que tu ne me dises ce qui en est.

LA FOREST.

Mais non... je ne le peux.

PERRETTE *d'un ton fâché.*

J'ai cru, M. la Forest, que vous m'aimiez.

LA FOREST.

En pouvez-vous douter, ma chere Perrette ? vous,
qui faites toutes mes délices !

PERRETTE.

Sans doute, puisque vous me refusez.

LA FOREST.

Quoi ! vous êtes assez cruelle !

PERRETTE.

Non, il faut que je le sache.

LA FOREST.

Ne l'exigez pas de moi, je vous supplie...

PERRETTE.

Il est inutile. Si vous m'aimez... point de secret.

LA FOREST.

Vous le voulez donc ? que vous avez de pouvoir !

eh bien ! puisqu'il faut vous le dire , chere Perrette... (*il se jette à ses genoux*) Non, je ne peux me déterminer à vous en faire part ... vous vous opposerez à l'exécution.

PERRETTE.

Plus tu m'en dis, mon cher la Forest, plus tu me rends curieuse.

LA FOREST.

Tu l'exiges donc, chere Perrette! tu l'exiges donc! eh bien ! ne t'en prends qu'à toi si je t'ouvre mon cœur ! je connois l'excellence du tien , chere Perrette. Nous devons tout à nos pere & mere ; je vais remplir cette maxime : c'est un devoir. Il m'en coûtera sans doute , puisque je serai privé pendant quelque temps du plaisir de te voir.

PERRETTE.

Quoi donc ! parle : dépêche-toi.

LA FOREST.

Ressouviens-toi, objet que j'adore , que c'est pour un pere , & que jamais mon amour à ton égard n'en souffrira.

PERRETTE.

Explique-toi donc.

LA FOREST.

Tu fais qu'il y a des Dragons à Charonne . . .

(*il lui prend la main*)

PERRETTE.

Seroit-il possible ! ... tu voudrois t'engager.

LA FOREST.

Oui, Perrette ; & du prix de mon engagement en faire l'hommage à mon pere. On m'a offert ces jours derniers vingt-cinq louis : c'est la somme qu'il me faut (*il regarde Perrette*) eh bien ! ma chere Perrette !

PERRETTE *sortant de sa revêrie.*

Eh bien ! je t'en félicite, & je t'en aime davantage. Va, la Forest, va... avec un aussi bon cœur on doit toujours réussir. Va promptement trouver les Dragons ; va, reviens, & aime toujours Perrette.

✳

SCENE XVIII.

PERRETTE *seule.*

Peut-on un cœur plus noble ! quels sentimens ! que je suis enchantée d'espérer unir mon sort à celui d'un pareil garçon ! ... il m'aime ... avec un pareil caractere, on ne peut douter de son bonheur. Notre mariage est retardé, il est vrai ... mais que faire ? il n'y a nul mérite où il n'y a nul sacrifice. (*Elle porte la main à son front & rêve.*)

SCENE XIX.

PERDRIAU, PERRETTE.

PERDRIAU.

Mademoiselle Perrette est bien pensive!... Bon jour, Mlle Perrette.

PERRETTE.

Bon jour, M. Perdriau.

PERDRIAU.

Je viens vous engager à la fête de Charonne. Je

partagerai ce plaifir avec notre bon ami la Foreft.
Je fuis fur mon palier : je paye le goûté.

PERRETTE.

Je vous fuis obligée. Dans la circonftance où je
me trouve, je ne peux penfer aux plaifirs.

PERDRIAU.

Pourquoi donc ? oh ! il faut y venir s'il vous plaît.
La Foreft vous y accompagnera, peut-être rempor-
tera-t-il le prix ; & c'eft un objet de conféquence.
Il eft de douze cents livres.

PERRETTE.

Douze cents francs ! (*à part*) Oh ! fi la Foreft
étoit affez heureux !

SCENE XX.

LA FOREST, PERDRIAU, PERRETTE.

LA FOREST.

Enfin, c'en eft fait ; & j'ai mon argent.

PERRETTE.

Que tu dois. être content !... Viens, que je t'em-
braffe.

PERDRIAU.

Que fignifie tout ceci ! . . . quoi! la Foreft tu t'es engagé ?

LA FOREST.

Oui, mon cher ami.

PERRETTE.

Oui, il s'eft engagé, & par le motif le plus noble; j'aimois auparavant la Foreft, & je l'aime encore davantage.

PERDRIAU.

Effectivement, un Militaire a des attraits.

PERRETTE.

Tréve fur les railleries. Ce n'eft point la légéreté qui nous fait agir ; c'eft l'amour paternel.

PERDRIAU.

Fort belle morale ; mais je n'en vois pas la fin.

LA FOREST.

O mon ami! voici le myftere. Par mon engage-ment, je fuis affez heureux pour retirer mon pere de prifon.

PERRETTE.

Peut-on plus belle action ! Le sacrifice de sa liberté peut-il être mieux placé ?

PERDRIAU.

Non assurément : une pareille action a tout lieu d'être couronnée.

PERRETTE.

Elle porte elle-même sa récompense.

PERDRIAU.

Sous de pareils auspices, cher la Forest, allons tirer au prix. Tu es adroit, peut-être le remporteras-tu. Allons, partons ; voilà l'heure.

PERRETTE.

Va, mon cher la Forest ; va, & que la fortune te soit aussi favorable qu'elle t'a semblé contraire jusqu'à présent.

LA FOREST.

J'en accepte l'augure, & je pars. Avant tout cependant je vais voir mon pere & lui porter l'argent pour sa rançon.

SCENE XXI.

PERRETTE *seule.*

Qu'actuellement je fuis contente! qu'il eft doux de voir faire de belles actions par celui qu'on aime! par le vif intérêt que j'y prends, je m'imagine que ce foit moi qui les ait faites … Quelle douce fatisfaction! … Je vois le pere de la Foreft embraffer tendrement fon fils. Je vois ce fils vertueux, rempli de la joie la plus complette, mêler fes larmes de tendreffe avec celles de fon pere … Je vois plus … je le vois entrer dans la lice & concourir au prix … Je l'apperçois revenir victorieux … Eft-il un plus beau jour? eft-il un triomphe plus grand? Jamais la vertu ne refte fans récompenfe; & tu le mérites bien, mon cher la Foreft. Que je fuis fatisfaite! … je ne peux l'exprimer … Grand Dieu!

SCENE XXII.

PERRETTE, SUZON.

SUZON *de loin.*

Que Perrette me paroît contente ! qu'elle est différente de ce matin !

PERRETTE *revenant de son enthousiasme.*

C'est toi, Suzon !

SUZON.

Oui, ma bonne amie. Qu'as-tu donc ? tu as un air de satisfaction !

PERRETTE.

J'ai bien lieu de l'avoir, ma chere Suzon.

SUZON.

Fais-nous en part.

PERRETTE *avec vivacité.*

Imagine-toi que le pere de la Forest est en prison; & que son fils est engagé.

SUZON.

Mais je ne vois rien là de si agréable...explique-toi.

PERRETTE.

PERRETTE.

Comment Suzon ! tu ne l'entends pas ? quoi ! on met en prifon pour la Taille le pere la Foreft ! Son fils prend parti auffi-tôt , du prix de fon engagement paye les Collecteurs & obtient la liberté de fon pere ! eft-il une plus belle action ? L'auteur ? C'eft la Foreft, c'eft mon amant. Juge, chere Suzon, du tranfport de mon ame.

SUUZON.

J'y fuis... & je t'en félicite ... mais ton mariage.

PERRETTE.

Oh ! il fe fera , Suzon ; c'eft la Foreft qui me l'a promis. Il m'aimera toujours.

SCENE XXIII.

LA FOREST, LA FAISANDIFRE, PERRETTE, SUZON & *la fuite des garçons qui ont tiré au prix.*

(*On entend le bruit des fifres & des tambours, & l'on voit entrer la Foreſt triomphant.*)

LA FOREST.

C'EST à toi, charmante Perrette, que je dois ce prix. Je viens t'en faire l'hommage. Mets le comble à mon bonheur.

PERRETTE.

S'il dépend de moi, ſois heureux, cher la Foreſt, tu le mérites.

SCENE XXIV & derniere.

LA FOREST, LA FAISANDIERE ; PERRETTE, SUZON, PERDRIAU.

PERDRIAU *tout essouflé.*

JE viens avec empressement vous faire part d'une bien bonne nouvelle.

SUZON, *à part.*

On n'est point toujours dans le malheur. (*à Perdriau*) Qu'y a-t-il ? parle.

PERDRIAU.

Chacun de nous y est intéressé.

PERRETTE.

Hé bien !

PERDRIAU.

La Dame du Canton, mon cher la Forest, touchée de tes sentimens envers ton pere, instruite aussi de ceux de Perrette, envoie un double prix, ce qui fait deux mille quatre cents livres, pour servir de dot à Perrette. Elle pense, mon cher ami, qu'en te faisant avoir ton congé, tu ne refuferas point la main de cette vertueufe fille, digne d'immortalifer les Laitieres de Bagnolet. Sa bonté s'étend jufques fur la Faifandiere & Suzon, elle veut auffi les marier ; elle leur donne douze cents livres. Quant à moi , je fuis auffi comblé de fes bienfaits : elle prend foin de mes enfans. Quel bonheur ! fe trouve-t-il fouvent des cœurs auffi généreux ?

LA FAISANDIERE.

Avoir des richeffes & les employer à faire des heureux ! Il n'eft point je penfe , de plaifir qui puiffe plus annoblir l'humanité.

LA FOREST.

Il en eft encore un autre : c'eft celui de la reconnoiffance. Cherchons pour le moment à la témoigner & par nos chants & par nos danfes.

VAUDEVILLE.

LA FAISANDIERE.

Ne perdons jamais l'efpérance.
Le malheur frappe la Foreft :
Le malheur amene fa paix ,
Et de-là fon bonheur commence.
Il ne faut s'étonner de rien
Il n'eft qu'un pas du mal au bien. *(bis)*

LA FOREST.

Lorfque je penfe à ma Perrette
Et que je conçois les tourmens
Que j'endure depuis long-temps ;
Ma joie en ce jour eft parfaite.
Il ne faut s'étonner de rien
Il n'eft qu'un pas du mal au bien.

PERRETTE.

Dans l'inftant j'étois malheureufe ;
J'ai vu mon pot au lait caffé ;
J'ai vu mon amant tracaffé ;
Le vent change , je fuis heureufe.
Il ne faut s'étonner de rien
Il n'eft qu'un pas du mal au bien.

PERDRIAU *au Parterre.*

Avec un peu de complaifance ,
On doit paffer légérement
Sur ce qui n'eft qu'amufement :
Accordez-nous cette indulgence.
Il ne faut s'étonner de rien
Il n'eft qu'un pas du mal au bien.

LA PLAINE.

Si l'Auteur a lieu dans fa vie
D'être fatisfait & content ,

C'eſt de voir, en vous amuſant,
Que vous excuſez ſa folie.
Il ne faut s'étonner de rien
Ayant à faire à gens de bien.

F I N.